LE
CONSENTEMENT
FORCÉ

COMEDIE,

EN UN ACTE, EN PROSE.

Par M. GUYOT DE MERVILLE.

Repréſentée pour la premiere fois par les Comédiens
François , le 13 Août 1738.

Le prix eſt de vingt-quatre ſols.

A PARIS,

Chez CHAUBERT, Quai des Auguſtins,
à la Renommée & à la Prudence.

M.DCC.XXXVIII.

Avec approbation & privilege du Roi.

ACTEURS.

ORGON.	*M. Duchemin.*
CLEANTE fils d'Orgon.	*M. de Granval.*
CLARICE, femme de Cléante.	*Mademoiselle Gauffin.*
LISIMON, ami d'Orgon & de Cléante.	*M. Dubreuil.*
TOINETTE, suivante de Clarice.	*Mademoiselle Quinault.*

La scene est à Auteuil.

PRÉFACE.

SI un Auteur doit être senfible à des applaudiffe-mens qui l'honorent, il doit encore avoir plus d'égard pour des critiques qui l'éclairent. Le Public eft non feulement notre juge; il eft auffi notre maî-tre; & c'eft fe rendre indigne de fes éloges que de ne pas profiter de fes cenfures. Auffi n'ai-je point balancé à corriger certains défauts que l'on a re-marqués d'abord dans la Scene X. & dans le dé-nouement du *Confentement forcé*.

Mais lorfque quelques perfonnes, trop attachées à des beautés de mode, condamnent dans un ou-vrage ce qui n'y eft pas conforme, je penfe qu'un Auteur peut ne point déférer à leurs décifions, & qu'il eft même en droit de les combattre. Ces per-fonnes, peu flattées de la fimplicité de mon ftile, prétendent que j'aurois dû le rendre plus délicat, plus fin, en un mot plus épigrammatique; & ils cenfurent dans cette piece ce qu'ils louent eux-mêmes, ou plûtôt ce qui les frappe malgré eux, dans les Comédies de Moliere. Je ne fais fi je ne leur prête point à l'égard de cet excellent Ecrivain des fentimens que peut-être ils n'ont pas. Mais au moins ne peuvent-ils difconvenir du plai-fir que fes pieces font encore tous les jours aux Spec-tateurs. Diront-ils qu'en faveur de leur ancienneté on y rit par complaifance, ou par habitude; & que ce qui étoit bon autrefois, ne vaut plus rien aujour-d'hui? Il ne leur refte que ce retranchement, où je me garderai bien de les attaquer.

Pour moi qui fais gloire de prendre Moliere pour modele, fans me flater de pouvoir jamais l'égaler,

j'ai voulu faire une Comédie qui plût fur le théa-
tre, fans éblouïr, & qui fe foutînt à la lecture. Or
je ne vois que le fentiment & le bon fens qui puif-
fent produire ce double effet. Quelques-uns de nos
Auteurs ont beau vouloir mettre en crédit leurs bril-
lans & leurs faillies. Ce prétendu efprit, comme l'expérience le prouve, ne plaît que dans la nou-
veauté. Sa pointe aiguifée avec affectation s'émouffe
à la vûe, dès qu'on la confidere de près, & je pourois
citer plufieurs de ces traits d'efprit, aplaudis fans réflexion, qui dans le fond ne font rien moins qu'ingénieux.
Ce n'eft pas en courant après l'efprit qu'on l'atteint.
Jaloux de fa liberté, il fuit ceux qui le cherchent, &
ne fe préfente qu'a ceux qui l'attendent. Je ne prétends pas néanmoins que nos bonnes pieces manquent
d'efprit. Elles ont l'efprit qui convient à la Comédie,
c'eft-à-dire l'efprit folide, qui n'eft pas celui avec le-
quel on brille dans les cercles & dans les ruelles,
où l'on ne demande qu'un plaifir vif & paffager.
C'eft par cet efprit fimple, vrai & naturel que les
pieces de Moliere ont toujours plû & plairont toujours. *Le Glorieux*, *l'Ecole des Amans*, *l'Avare amoureux*, *la Pupile*, & quelques autres Comédies de
notre tems, ont la même deftinée, & je crois que
c'eft-là la feule & véritable Comédie.

LE

LE CONSENTEMENT FORCÉ

SCENE PREMIERE.

LISIMON, CLEANTE.

LISIMON.

LA joye que j'ai de vous voir, Cléante, m'eſt d'autant plus ſenſible que je ne m'y attendois pas. Quoi ! vous quittez Paris, dans le tems que les plaiſirs y regnent ?

CLEANTE.

On n'eſt pas toujours dans les mêmes diſpoſi-tions, mon cher Liſimon. On change à tout âge , & ces plaiſirs, autrefois ſi flatteurs pour moi, ne me touchent plus.

A

LISIMON.

Ce que vous me dites là est-il bien sincere?

CLEANTE.

Rien n'est plus vrai, je vous assure.

LISIMON.

J'applaudis de bon cœur à de si beaux sentimens, & je m'en réjouis pour l'amour de vous. La seule chose qui me fâche, c'est que vous ayez choisi une saison si peu favorable pour les amusemens de la campagne. Auteuil est fort joli en été; mais il ne peut être agréable en hiver qu'à une espéce de Misantrope comme moi.

CLEANTE.

Il n'est pas en mon pouvoir de mieux prendre mon tems. Car (& c'est ce qui me fait de la peine) ma visite est intéressée.

LISIMON.

Je puis vous rendre quelque service, mon cher Cléante?

CLEANTE.

Un service de la derniere importance.

LISIMON.

Voilà pour moi un surcroît de plaisir.

CLEANTE.

Je vous demande pardon de la liberté que j'ai prife; mais j'ai amené une perfonne avec moi.

LISIMON.

Votre excufe m'offenfe. Quel que foit celui pour qui vous vous intéreffez, il eft digne de mon eftime, dès qu'il mérite la vôtre. Mais où donc eft cet ami? Pourquoi n'entre-t-il pas?

CLEANTE.

Un moment, je vous prie. Vous allez être étonné. C'eft une Dame que je vous amene.

LISIMON.

Une Dame!

CLEANTE.

Vous ne ferez pas fâché de la connoître.

LISIMON.

Voilà donc comme vous êtes changé?

CLEANTE.

C'eft la plus grande preuve que j'en puiffe donner.

LISIMON.

Effectivement, c'en eft une fort belle, qu'une nouvelle amourette!

A ij

CLEANTE.

Le terme est trop foible. C'est un véritable amour, un amour pur & solide ; puisqu'il est fondé sur l'estime & sur la raison.

LISIMON.

Stile ordinaire des amans.

CLEANTE.

Rien ne pourra jamais me détacher d'elle.

LISIMON.

Ce n'est pas la premiere fois que vous tenez ce langage.

CLEANTE.

Si vous connoissiez Clarice ? si vous saviez combien elle a de mérite . . . .

LISIMON.

Bon ! Ne sais-je pas de quel œil un amant voit sa maîtresse ? Je vais vous faire son portrait, si vous voulez.

CLEANTE.

Elle n'est pas ma maîtresse.

LISIMON.

Comment ?

CLEANTE.

C'eſt ma femme.

LISIMON.

Vous êtes marié ?

CLEANTE.

Depuis huit jours.

LISIMON.

Quoi ! Vous vous mariez ſans que j'en ſois in-
formé, moi qui ai toujours été ſi fort attaché à
votre famille ; moi l'ami intime de votre pere, &
encore plus le vôtre ?

CLEANTE.

C'eſt cette raiſon même qui m'a porté à vous
cacher ce mariage. Vous vous y ſeriez ſans doute
oppoſé, & j'ai craint l'effet que pouvoit faire ſur
moi l'amitié dont vous m'honnorez.

LISIMON.

Je conçois. Vous avez formé cette union ſans le
conſentement de votre pere.

CLEANTE.

J'ai tout fait pour l'obtenir ; mais mon pere a
été inexorable ; & je tremble de me voir pour ja-

mais l'objet de son indignation, si vous me refu-
sez le secours que j'attends de votre bonté.

L I S I M O N.

Oh! Je ne doute plus de la violence de votre
amour, & il faut en effet que votre épouse ait
bien du mérite, pour avoir fixé un cœur comme
le vôtre.

C L E A N T E.

Ah! Que ne pouvez-vous entendre son éloge
d'une autre bouche que de la mienne! Car je sens
bien que dans l'état où je me trouve, mon té-
moignage doit vous être suspect de prévention, ou
d'artifice. Ne vous figurez pas que j'aye été sé-
duit par des charmes, qui ne frappent que les
yeux. Sa douceur, sa modestie, sa sagesse, son attachement à ses devoirs, son aversion pour les vains
amusemens du Sexe, une humeur toujours égale,
la bonté de son cœur, enfin la solidité & la délicatesse de son esprit surpassent encore sa beauté,
quelque éclatante qu'elle soit. Vous ne croyez pas,
j'en suis sûr, la moitié de ce que je vous dis, &
cependant je ne vous dis pas la moitié de ce qui en
est.

L I S I M O N.

Mais quel est donc le motif du refus de votre pere?

CLEANTE.

L'intérêt. Avec toutes ces qualités, Clarice a encore de la naissance. Mais elle n'est pas riche.

LISIMON.

Plaisante raison ! Si votre pere pensoit comme moi, cette difficulté ne l'auroit pas arrêté, supposé que votre épouse fût aussi parfaite que vous le dites.

CLEANTE.

Elle l'est en effet. Mais mon pere s'imagine que je lui en impose, & il se persuade que tous les éclaircissemens où il pourroit entrer là-dessus, bien loin de détruire cette idée, ne serviroient qu'à la confirmer.

LISIMON.

Votre situation me touche. Que puis-je faire pour votre service ?

CLEANTE.

Mon pere, que les affaires de son commerce ont retenu quelque mois en province, est enfin de retour à Paris.

LISIMON.

Il est revenu ? J'en suis ravi. Voulez-vous que je lui aille parler ?

CLEANTE.

Vous n'aurez pas la peine de l'aller chercher. Je sais de bonne part qu'il doit vous venir voir aujourd'hui. Il ne tardera pas. J'appréhendois même qu'il ne m'eût devancé.

LISIMON.

Le bon homme cherche à évaporer sa bile. Je m'y attends. Je vous promets de mettre tout en œuvre pour vous reconcilier avec lui. Mais je ne vous réponds pas du suceès de mes soins; car il est terriblement entêté.

CLEANTE.

Il m'est venu une idée, dont je crois la réussite infaillible, dès que vous voudrez bien nous seconder, comme vous m'en flattez. Je ne juge pas à propos de paroître devant lui. Outre qu'il me l'a défendu expressément, ma vûe ne feroit qu'augmenter sa colere. Il s'agit de me justifier, & il n'y a que le mérite de Clarice qui puisse produire cet effet. Je voudrois donc qu'il la vît, mais sans savoir qu'elle est ma femme, afin qu'il l'examinât sans prévention. Encore une fois, j'ose m'assurer que s'il la connoissoit, il approuveroit notre mariage.

LISIMON

LISIMON.

Fort bien. Je lui dirai que c'est une de mes parentes.

CLEANTE.

Votre Niece, par exemple.

LISIMON.

Encore mieux. Votre pere sait que j'en ai une en Province; mais il ne l'a jamais vûe.

CLEANTE.

Que je vous ai d'obligation! Je ne puis vivre heureux sans la possession de Clarice; mais je ne puis l'être aussi sans l'amitié de mon pere.

LISIMON.

Ne nous arrêtons pas ici davantage. Je rougis de la laisser seule si long-temps.

CLEANTE.

Elle est dans la chambre voisine, & je cours la chercher.

LISIMON.

Je vous suis. Je veux l'aller recevoir.

SCENE II.
LISIMON, CLEANTE, CLARICE.

CLEANTE.

Venez, Madame, venez remercier le meilleur de tous les amis.

CLARICE.

Ce n'est pas sans scrupule, Monsieur, que je me présente devant vous. Mais je n'ai pu refuser aux instances de Cléante une démarche, dont je crains bien que le succès ne réponde pas à ses espérances.

LISIMON.

Je ne saurois, Madame, me plaindre de votre délicatesse. Je n'ai pas l'honneur de vous être connu. Mais je vous supplie d'être persuadée que si je puis contribuer à votre félicité commune, je n'aurai jamais eu plus de plaisir.

CLEANTE.

Lisimon a la bonté d'entrer dans nos interéts & de se prêter à notre entreprise. Il veut bien, Clarice, que vous passiez ici pour sa niece, & je ne doute pas que ce titre ne prévienne mon pere en votre faveur.

CLARICE à *Lisimon*.

Ah , Monfieur , quelles graces n'ai-je pas à vous rendre !

LISIMON.

Point de remercimens, Madame, je vous prie. Je ne les ai point encore mérités. Regardez - moi donc comme votre oncle, & commandez dans ma maifon comme ma niéce. Permettez que je vous quitte un inftant. Je vais tout difpofer pour la réception de M. Orgon.

SCENE III.
CLEANTE, CLARICE.

CLARICE.

AH, Cléante, ma frayeur redouble à mefure que le moment fatal approche.

CLEANTE.

Ne vous allarmez point, ma chere Clarice.

CLARICE.

Hélas ! quand je penfe que je vais parler à un homme qui me hait, qui me regarde comme l'unique caufe de fes chagrins & de la perte de fon fils ; quand je me le repréfente dans la colere vio-

lente où il eſt contre vous & contre moi, je fré-
mis du danger où je m'expoſe.

CLEANTE.

Votre crainte eſt frivole. Si vous paroiſſiez à ſes
yeux ſous le nom de ma femme, je conçois que
vous auriez alors un furieux orage à eſſuyer. Mais
il ne vous connoît point & vous avez l'avantage
de le connoître. Non, Clarice, le péril que vous
courez n'eſt rien. Mais fût-il auſſi terrible que
votre imagination vous le repreſente, que ne de-
vez-vous point entreprendre, pour éviter le malheur qui nous menace? Ah, ſi mon pere alloit nous
ſéparer pour jamais...... Je vois déja que cette
triſte idée, toute éloignée qu'elle eſt, vous pénetre le
cœur. Vous pleurez, Clarice, vous pleurez! Ne me
dérobez point vos larmes. Elles ſont des marques
de votre tendreſſe & de votre vertu; elles naiſ-
ſent de l'une & de l'autre, & vous ſentez qu'en
me perdant, vous perderiez une réputation qui vous
eſt auſſi précieuſe que moi-même.

CLARICE.

C'en eſt fait, Cleante ; mon courage revient,
& il n'y a point de danger que je n'affronte. C'eſt
vous que je dois ſauver. Je n'aurai plus que vous
devant les yeux. Quel bonheur, ſi je puis réuſſir !

Si je ne réuſſis pas, nous aurons fait du moins
tout ce que la raiſon & la nature exigent de deux
cœurs unis par la vertu.

SCENE IV.

CLEANTE, CLARICE, TOINETTE.

TOINETTE.

MOnſieur, je vous annonce que M. votre pere
vient d'arriver.

CLEANTE.

Cela ſuffit.

CLARICE.

Ah, ciel !

TOINETTE.

Quoi, Madame, vous tremblez encore !

CLEANTE.

Allons, Clarice ; c'eſt maintenant que vous avez
beſoin du courage que vous me promettiez tout
à l'heure.

CLARICE.

Pardonnez-moi ce premier mouvement ; il n'aura pas de ſuite, je l'eſpere. Mais retirez-vous, &
ne paroiſſez point que je ne vous avertiſſe.

CLEANTE.

Adieu. Songez que ma deſtinée eſt entre vos mains.

✦✦✦✦✦✦✦✦✦✦✦✦✦✦✦✦✦✦✦✦✦✦✦✦✦✦✦✦✦✦

SCENE V.

CLARICE, TOINETTE.

TOINETTE.

JE me flatte, Madame, que tout ira bien, & la qualité de niéce, que M. Liſimon m'a dit qu'il vous avoit donnée, léve toutes les difficultés qui pouvoient vous effrayer. Mais je vois entrer M. Orgon.

✶✶✶✶✶✶✶✶✶✶✶✶✶✶✶✶ ✶✶✶✶✶✶✶✶✶✶✶✶✶✶✶✶

SCENE VI.

ORGON, LISIMON, CLARICE, TOINETTE.

ORGON.

JE ſerai charmé de la voir.

CLARICE *bas.*

Toinette, ne m'abandonne pas!

TOINETTE *bas.*

Oh, je n'ai garde.

LISIMON.

Ma niéce, voici M. Orgon, dont vous aurez sans doute entendu parler à mon frere.

ORGON.

J'ai l'avantage, Mademoiselle, d'être de ses inmes amis.

LISIMON *bas*.

Excusez sa timidité.

ORGON.

Mon ami, vous voulez bien souffrir que je l'embraffe.

LISIMON.

Vous lui faites honneur.

ORGON *s'avançant vers Clarice*.

Permettez, Mademoiselle, que j'aye le plaisir…. Comment donc ! Qu'avez-vous ?

CLARICE.

Toinette, soutiens-moi.

TOINETTE.

Ah, ma chere maitreffe !

LISIMON.

Ma niece ?...... Elle se trouve mal. Allez vite,

Toinette, lui faire prendre l'air, & qu'on lui donne tous les secours dont elle aura besoin.

Elles sortent.

SCENE VII.

ORGON, LISIMON.

ORGON.

CEt accident-là lui est survenu bien mal à propos.

LISIMON.

Ce ne sera rien. Elle est encore un peu fatiguée du voyage.

ORGON.

C'est une personne très-aimable, & une fille de votre frere auroit bien convenu à Cléante. Mais le fripon..... Vous savez apparemment la belle action qu'il a faite?

LISIMON.

Vous voulez parler de son mariage?

ORGON.

Que vous en semble, Lisimon? Ne suis-je pas bien malheureux d'avoir un fils tel que lui?

LISIMON.

L I S I M O N.

Je vous plains. Vous êtes-vous bien porté dans votre voyage ?

O R G O N.

Affez bien. Quand on fouhaite des enfans, on ne fait gueres ce que l'on fouhaite.

L I S I M O N.

Vous avez raifon. Depuis quand êtes-vous de retour ?

O R G O N.

Depuis avanthier. On fe tue pour amaffer du bien à ces ingrats-là, & en voilà la récompenfe ! Combien d'argent n'ai-je pas dépenfé pour l'éducation de Cléante ! Et vous voyez comme il en profite ! L'auriez-vous cru capable d'un tel égarement ?

L I S I M O N.

Non, car il m'a toujours paru affez fage.

O R G O N.

Prendre une femme fans bien !

L I S I M O N.

Voilà le mal.

O R G O N.

Par amourette !

C

LISIMON.

Mais vous qui parlez, mon cher Orgon, n'avez-vous pas aimé dans votre jeuneſſe ?

ORGON.

Sans doute j'ai aimé, j'ai aimé, je ne le nie point. Mais l'amour ne m'a jamais fait faire de folies.

LISIMON.

C'étoit donc un amour bien extraordinaire.

ORGON.

Ce que c'eſt qu'un jeune étourdi ! Il ne faut qu'un petit né tourné d'une certaine façon, pour lui boule-verſer la cervelle. Et ſe marier encore malgré moi !

LISIMON.

Vous n'avez pas voulu lui accorder votre con-ſentement.

ORGON.

Faut-il pour cela qu'il s'en paſſe ?

LISIMON.

Ce n'eſt pas mon ſentiment.

ORGON.

Je lui ferai voir ce que c'eſt que l'autorité d'un pere. C'eſt un mariage nul de toute nullité.

L I S I M O N.

Il faudra voir.

O R G O N.

Comment, il faudra voir? Oh, cela est tout vu.

L I S I M O N.

Ce mariage........

O R G O N.

Sera cassé.

L I S I M O N.

On pourroit trouver quelque expédient..........

O R G O N.

L'expédient c'est de le casser.

L I S I M O N.

Je veux dire quelque tempérament pour .....

O R G O N.

Je prétends qu'on le casse.

L I S I M O N.

Calmez-vous. Je vois ma niece qui revient.

SCENE VIII.

ORGON, LISIMON, CLARICE, TOINETTE.

LISIMON *à Clarice*.

HE' bien, comment vous trouvez-vous ?

CLARICE.

Fort bien, mon oncle, & ma foibleffe eſt entierement diffipée.

ORGON.

J'en ſuis en vérité ravi. (*à Lifimon*) Ce qui m'étonne, c'eſt que cet évanouiffement lui ait pris au moment que je l'embraffois.

TOINETTE.

Croyez-vous, Monſieur, qu'on puiffe embraffer une perſonne comme vous ſans émotion ?

ORGON.

Qu'en dois-je croire, Mademoiſelle ? C'eſt à vous à expliquer ce miſtere.

CLARICE.

Je ſuis trop ſincere pour vous cacher que c'eſt votre préſence qui a produit cet accident.

TOINETTE *à Orgon.*

Que vous ai-je dit?

LISIMON.

Comment, ma niece! Qu'est-ce que cela signifie?

CLARICE.

En voyant Monsieur, j'ai cru voir un pere que je chéris infiniment.

ORGON *à Lisimon.*

Est-ce que je ressemble à votre frere?

LISIMON.

Je n'y avois pas pris garde; mais elle m'en fait appercevoir.

ORGON

Sérieusement?

TOINETTE.

Oui, vous avez des yeux..... une bouche.....
Je ne puis pas bien dire ce que c'est; mais il y a mille gens qui se ressemblent moins.

ORGON.

Elle l'a remarqué d'abord. Cela est tout à fait singulier.

CLARICE.

Les traits d'un pere, digne de la plus parfaite vénération, font toujours une impreffion profonde fur l'efprit d'une fille qui fait fon devoir.

ORGON.

On ne peut pas mieux parler.

LISIMON.

Je vous affure que vous feriez encore plus content de fes fentimens, fi vous la connoiffiez.

CLARICE.

Il ne me conviendroit pas de les développer ici. Je craindrois qu'on ne m'accufât d'affeĉtation & d'orgueil.

ORGON à *Lifimon*.

J'ai entendu dire beaucoup de bien de votre niece. Mais en vérité ce que j'en vois par moi-même, paffe encore l'idée qu'on m'en a donnée.

LISIMON.

J'efpere que vous n'en rabatrez point, quand vous la connoîtrez mieux.

CLARICE à *Orgon*.

L'eftime d'une perfonne comme vous, Monfieur, eft pour moi d'un prix infini.

ORGON.

Ah, que votre pere eft heureux d'avoir une fille

si raisonnable. Pourquoi mon coquin de fils n'a-t-il pas un pareil caractere ?

CLARICE.

Votre fils , Monsieur ! Avez-vous lieu de vous plaindre de lui ?

ORGON.

Que trop vraiment. Mais laissons-le là. Il ne mérite pas d'être mêlé dans un entretien si aimable.

CLARICE.

Il suffit qu'il vous appartienne , pour que je m'interesse à ce qui le regarde. Qu'a-t-il donc fait qui vous irrite si fort contre lui ?

ORGON.

Une extravagance impardonnable. Il s'est pendant mon absence amouraché d'une certaine Clarice , & l'a épousée sans mon aveu.

CLARICE.

Le cas est grave. Mais peut-être n'est-il pas si coupable que vous le pensez.

ORGON.

Vous voulez prendre sa défense ?

LISIMON.

Ma niece , vous aurez de la peine à le justifier.

ORGON à *Lifimon*.

Elle a bien de l'efprit ; mais elle embraffe une mauvaife caufe.

CLARICE.

La feule chofe qui m'arrête, c'eft que je me fais fcrupule de combattre vos fentimens.

ORGON.

D'autant plus que le fuccès eft impoffible.

CLARICE.

Il y a des circonftances qui rendent quelquefois une action moins criminelle. Je parle par conjectures. Suppofons que l'attachement de M. votre fils pour Clarice, au lieu d'être fondé fur un fol amour, comme apparemment vous le penfez, n'ait été produit que par une véritable eftime pour quelques bonnes qualités qu'il aura cru appercevoir en elle.

ORGON.

C'eft une fuppofition en l'air.

CLARICE.

Je l'avoue. Mais fi je difois vrai par hafard, ne conviendriez-vous pas que M. votre fils feroit alors plus excufable, que s'il avoit été emporté par une paffion, que je condamne comme vous, lorfque l'eftime ne l'a pas fait naître. TOINETTE.

TOINETTE.

Là chose est claire.

ORGON.

Soit.

CLARICE.

Je ne saurois vous dire si Clarice a quelque mérite. Je le suppose. Mais quant à M. votre fils, vous ne pouvez pas disconvenir qu'il n'en ait beaucoup.

ORGON *à Lisimon.*

Qu'en sait-elle ?

LISIMON.

C'est un fait que vous ne sauriez nier.

ORGON *d'un air fâché.*

Il est vrai que le fripon n'en manque pas.

CLARICE.

Hé bien, Monsieur ; si une fille n'a pu résister au pouvoir légitime que le vrai mérite a sur les cœurs ; si sa raison lui a fait entendre que la possession d'un homme en qui il éclatoit la rendroit parfaitement heureuse ; enfin si elle s'est aveuglée elle-même jusqu'à lui sacrifier sa réputation, en consentant, ou peut-être en l'engageant à une union si irréguliere, ne m'avouerez-vous pas qu'il faut qu'elle

D

ait aimé votre fils avec bien de la tendreſſe , &
ne la trouvez-vous pas plus malheureuſe que criminelle ?

ORGON.

Oh , je vous prie , Mademoiſelle , finiſſons.
(*à Liſimon*) Comme elle aſſaiſonne tout ce qu'elle
dit ! Quand ce ſeroit ſa propre cauſe , elle ne la dé-
fendroit pas mieux.

LISIMON.

Vous ſentez donc la force de ſes raiſonnemens ?

ORGON.

Je ſens . . . . . oui . . . . . . Que tout cela eſt une
belle imagination.

CLARICE.

Si vous avez là-deſſus des lumieres que je n'ai
pas , je n'ai plus rien à dire.

ORGON.

Je ne ſais point le fond de toute cette intrigue ;
mais je gagerois bien qu'elle n'eſt pas telle que
vous la repréſentez. Après tout , quand cela ſeroit ,
il me reſte toujours une raiſon très - forte , qui
m'empêchera d'aprouver le mariage en queſtion.

CLARICE.

M'est-il permis, Monsieur, de vous demander
quelle est cette raison ?

ORGON.

C'est que Clarice n'a pas de bien.

CLARICE.

Hé, Monsieur, si elle n'a pas aporté de richesses
à votre fils, elle en sera plus humble dans sa conduite, plus réservée dans sa dépense, & d'autant
plus reconnoissante qu'il aura été plus généreux.
Il me semble que je suis à sa place. Si j'avois un
époux à qui je dusse tout, je mettrois mon honneur
& mon devoir à faire sa félicité. Je n'aurois d'autre loi que ses désirs, d'autre satisfaction que la
sienne, & je tâcherois enfin de remplacer le bien
que je ne lui aurois pas donné, par des vertus qui
sont infiniment plus estimables.

ORGON.

Il suffit ; je ne veux plus vous écouter.

CLARICE.

Je serois au désespoir de vous déplaire, & je
vais......

ORGON.

Vous ne m'entendez pas, non, votre conversation m'enchante. * Mais parlons d'autre chose.

TOINETTE à part.

M. Orgon craint de n'avoir pas raison.

CLARICE.

Je n'ai que trop abusé de votre bonté, & je me retire.

ORGON.

Hé non, Mademoiselle . . . . . Attendez donc.

LISIMON.

Laissez-la aller. Elle a quelques ordres à donner. Vous ne nous quittez pas si-tôt, & vous aurez tout le tems de l'entretenir.

SCENE IX.

ORGON, LISIMON, TOINETTE
qui écoute.

ORGON.

Par ma foi, Lisimon, vous avez-là une niece d'un mérite incomparable.

LISIMON.

Il ne me siéroit pas de faire son éloge ; mais je

* D'un ton doux & tendre.

ne puis m'empêcher de convenir, qu'elle a l'esprit
bien fait & le cœur bien placé.

O R G O N,

Ils font au-deſſus de tout, & ſe ſoutiennent mu-
tuellement. Que l'un eſt venu à propos au ſecours
de l'autre, & avec quelle adreſſe elle alloit à ſon
but par un détour !…A préſent que j'y réfléchis,
il me vient certains ſoupçons.

L I S I M O N,

Vous avez des ſoupçons ?

O R G O N.

Très-bien fondés, & qui autoriſent un projet ….

L I S I M O N,

Qu'eſt-ce que c'eſt ?

O R G O N.

Avant que de vous en faire part, je veux être
ſûr de mon fait. Ayez la bonté d'aller dire à
votre niece, que je voudrois lui parler en particulier.

L I S I M O N.

Quoi, vous ne voulez pas m'apprendre……

O R G O N.

Patience , mon cher ami , patience. Vous le
ſaurez.

LISIMON.

Je vais donc vous l'envoyer. (*à part*) Quelle idée lui paſſe par la tête ?.........Ah, ah, que faiſiez-vous là, Toinette ?

TOINETTE.

A vous dire le vrai, Meſſieurs, j'écoutois.

ORGON.

Elle eſt ſincere.

LISIMON *vivement.*

Comment donc ?

ORGON.

Ne la grondez pas. Elle a fort bien fait, & je ſuis ravi qu'elle nous ait entendus. Approchez, Toinette ? approchez, & vous, Liſimon, faites-moi le plaiſir que je vous ai demandé.

LISIMON.

Vous allez être ſatisfait.

✳✳✳✳✳✳✳✳✳✳✳✳✳✳✳✳✳✳✳✳✳✳✳✳✳✳✳✳

SCENE X.

ORGON, TOINETTE.

TOINETTE *à part.*

IL va me queſtionner. Tenons ferme.

ORGON.

Je vois, Toinette, que vous êtes franche, & je compte que vous m'allez dire la vérité.

TOINETTE.

Vous avez tout lieu de l'espérer, Monsieur. La sincérité est ma vertu favorite. Que voulez-vous savoir ?

ORGON.

Quel est d'abord le motif qui vous portoit à nous écouter ?

TOINETTE.

L'intérêt que ma maitresse & moi prenons à ce qui vous regarde.

ORGON.

Je me suis attendu à cette réponse. N'est-il pas vrai que ma vûe a fait quelque impression sur elle ?

TOINETTE.

Certainement, & cette impression a même été très-forte.

ORGON.

Cet évanouissement si singulier n'étoit-il pas une suite de cette impression ?

TOINETTE.

Une suite fort naturelle, & vous devez vous souvenir de ce qu'elle vous a dit à cette occasion.

ORGON.

Sur quoi? Sur ma prétendue ressemblance avec son pere? Ah, la rusée! Oui, oui, de la ressemblance!..... Hem, qu'est-ce que cela veut dire?

TOINETTE.

Ce que cela veut dire?

ORGON.

Oui...... Allons, Toinette, ne vous démentez point. Voilà une belle occasion de signaler cette sincerité, votre vertu favorite.

TOINETTE.

Allons donc, Monsieur. Ce n'est que pour m'éprouver que vous faites semblant d'être si curieux. Une personne de votre mérite n'est pas susceptible d'un pareil défaut.

ORGON.

Non, j'agis de bonne foi.

TOINETTE.

Se prévaloir de ma franchise! Oh, cela n'est pas bien! Qui le croiroit à votre phisionomie?

ORGON.

ORGON.

Mais vous en avez déja trop dit vous-même, pour ne pas achever.

TOINETTE.

Moi, Monsieur ?

ORGON.

Ce mot d'émotion, qui vous est échapé par exemple, ne signifie-t-il rien, à votre avis ?

TOINETTE.

Ah, je m'apperçois qu'il faut prendre garde à ce qu'on dit devant vous.

ORGON.

Croiez-vous donc que je manque de pénétration ?

TOINETTE.

Au contraire, Monsieur, je vois que vous en avez infiniment.

ORGON *à part.*

Elle cherche à éluder mes questions. Prenons un autre tour.

TOINETTE *à part.*

O le malicieux veillard !

E

ORGON.

Vous me cachez ce que je découvre moi-même.... Paſſons. Votre maitreſſe a des manieres qui plaiſent. Mais quel eſt le fond de ſon caractere?

TOINETTE.

Pourquoi me faites-vous cette queſtion?

ORGON.

Prenez bien garde à ce que vous repondrez. Il ne s'agit pas moins que de la fortune de votre maitreſſe.

TOINETTE.

De ſa fortune? Oh, Monſieur, vous ne pouvez pas mieux placer vos bienſaits.

ORGON.

Eſt-elle complaiſante, docile, prévenante?

TOINETTE.

Oui, Monſieur, & de plus très-économe.

ORGON.

Vous la croiez donc propre à rendre un mari heureux?

TOINETTE.

Elle eſt toute formée pour cela.

ORGON.

A-t'elle le cœur un peu tendre?

TOINETTE.

Comment?

ORGON.

Et tout neuf.

TOINETTE.

Qu'entendez-vous par là?

ORGON.

Quelqu'un n'est-il pas parvenu à la rendre sensible?

TOINETTE.

Bon! A quoi allez-vous penser?

ORGON.

Elle ne vous a pas mise dans sa confidence?

TOINETTE.

Quelle idée! Ne connoissez-vous pas là-dessus la discrétion des filles?

ORGON.

Oh, elle sera bien dissimulée, si je ne lui arrache pas son secret.

TOINETTE.

Son secret, dites-vous?

ORGON.

Elle vient. Laissez-moi seul avec elle,

TOINETTE.

O ciel! Nous sommes découverts.

❧✦❧✦❧✦❧✦❧✦❧✦❧✦❧✦❧✦❧✦❧✦❧✦❧✦❧✦❧✦❧✦

SCENE XI.
ORGON, CLARICE,

ORGON.

JE vous attendois, Mademoiselle, & je brule de vous entretenir,

CLARICE.

Ce que mon oncle m'a dit, sans s'expliquer, ne me donne pas moins d'impatience.

ORGON,

C'est en dire trop, & je pourois à ce sujet me former des idées, qui seroient fort au dessus de la réalité.

CLARICE,

Si vous me connoissiez, vous verriez qu'elles seroient bien éloignées d'y atteindre,

ORGON.

Vous me ravissez, ... Il est donc vrai que je
ne me suis point abusé ..... Ne doutez plus que
je ne vous connoisse. Oui, oui, je vous connois,

CLARICE *avec effroi,*

Vous me connoissez !

ORGON,

J'ai pénétré vos dispositions..... vous ne me
haïssez pas,

CLARICE.

Ah , Monsieur , que mes sentimens à votre
égard sont différens de la haine !

ORGON,

Ceux que j'ai conçus pour vous en different
bien davantage,

CLARICE,

Mon bonheur seroit parfait, s'ils étoient tels
que je le souhaite.

ORGON.

Ne seriez vous pas bien aise de passer votre
vie avec moi ?

CLARICE.

Une grace si singuliere seroit toute ma félicité,

O R G O N.

J'aurois pour vous une complaisance extrême.

C L A R I C E.

Je tâcherois de la mériter par mon attachement.

O R G O N.

L'heureux hazard que celui qui m'a offert à vos yeux !

C L A R I C E.

Que n'ai-je eu ce bonheur plutôt !

O R G O N.

A quoi dois-je des sentimens si favorables ?

C L A R I C E.

Un mouvement secret me les inspire.

O R G O N.

Je ne vous suis donc pas indifferent ?

C L A R I G E.

Non ; vous ne me l'êtes point , & je ne puis vous refuser l'estime la plus parfaite.

O R G O N.

Oui , l'estime ! Ah, que ce mot est joli ! il est inutile de l'expliquer. C'est de l'amour, n'est-ce pas ?

CLARICE *doucement.*

De l'amour !

ORGON.

Ne vous en défendez point. A mon age on voit clair. Avouez franchement que vous m'aimez.

CLARICE.

Vous ne vous trompez pas, Monsieur. Je vous aime, & je ne rougis point de le dire....., Mais........

ORGON.

Point de mais, je vous prie. Le mot est lâché, Mignone. Il n'est plus tems de chercher des détours. Je suis enchanté de cet aveu. Vous serez satisfaite. Je vais parler à votre oncle. Souffrez que je vous quite.

CLARICE *à part.*

Quel est donc son dessein ?

ORGON.

Mais le voici lui-même.

CLARICE *à part.*

Allons cacher ailleurs le trouble où je suis.

ORGON, *à Clarice.*

Vous fortez?

CLARICE.

Ma préfence je crois, n'eft pas néceffaire.

ORGON.

J'entends. Il faut laiffer agir votre modeftie.

SCÉNE XII.
ORGON, LISIMON.

LISIMON.

JE viens trop-tôt fans doute, & j'ai interrompu votre entretien.

ORGON *d'un air gai.*

Point du tout. Vous ne pouviez pas venir plus à propos.

LISIMON.

Vous êtes bien joyeux !

ORGON.

Plus je vois votre nièce , plus je la trouve charmante.

LISIMON.

LISIMON.

Vous voudriez bien, j'en suis sûr, que la femme de Cleante lui ressemblât.

ORGON.

A propos de lui. J'avois résolu de faire casser son mariage ; mais je change d'avis.

LISIMON.

Voilà une résolution très-louable.

ORGON.

Je saurai le punir d'une autre maniere.

LISIMON.

Quoi ! vous êtes toujours aigri contre lui ?

ORGON.

J'ai envie de me marier.

LISIMON.

De vous marier !

ORGON.

Oui, de me marier. J'aurai des enfans qui partageront mon bien avec mon pendard de fils, & cela le mortifiera.

F

LISIMON.

L'idée eſt ſinguliere.

ORGON.

Et très - ſenſée.

LISIMON.

Vous avez quelque perſonne en vûe?

ORGON.

Certainement.

LISIMON.

Puis-je ſavoir quelle eſt l'heureuſe mortelle ſur qui tombe l'honneur de votre choix?

ORGON.

C'eſt une perſonne pleine de raiſon, de bon ſens, d'eſprit, & qui brille de toutes ſortes de vertus ; en un mot, votre niece.

LISIMON.

Vous vous moquez.

ORGON.

Je ne me moque point.

LISIMON.

Vous n'y penſez pas.

ORGON.

J'y pense très-fort.

LISIMON.

Elle vous plaît donc ?

ORGON.

Infiniment.

LISIMON.

Vous voilà amoureux.

ORGON.

Amoureux ou non , je suis déterminé à l'épouser.

LISIMON.

Tout de bon ?

ORGON.

Tout de bon.

LISIMON.

Il y a cependant une petite difficulté qui pourra traverser cette affaire.

ORGON.

Quelle est-elle ?

LISIMON.

Nous ne sommes point d'humeur , son pere ni moi, de forcer son inclination.

ORGON.

Je ne l'exige point.

LISIMON.

Elle ne nous a jamais donné aucun sujet de mécontentement, & par les qualités qu'elle possede, elle mérite de notre part toutes sortes de considérations.

ORGON.

D'accord.

LISIMON.

Ainsi il faut voir si son penchant est conforme au vôtre.

ORGON.

Si vous n'avez que cet obstacle à m'opposer, ce n'est rien.

LISIMON.

Plaît-il ?

ORGON.

Ce n'est rien, vous dis-je.

LISIMON.

Expliquez-vous ?

ORGON.

Aprenez, mon cher ami, que votre niece m'aime.

LISIMON.

Ma niece ?

ORGON.

Et qu'en m'approchant elle s'est évanouie par un
effet de simpathie pour moi.

LISIMON *à part.*

Quelle extravagance !

ORGON.

Que dites-vous ?

LISIMON.

Je dis qu'il y a beaucoup d'aparence.

ORGON.

Elle m'aime, encore une fois. C'est un fait in-
conteftable.

LISIMON.

Cela étant, voilà l'affaire fort avancée.

ORGON.

Je la regarde comme faite.

LISIMON.

Et moi auffi.

ORGON.

Je ne me fens pas de joye.

LISIMON.

Ni moi non plus.

ORGON.

Je yeux lui donner un petit divertiſſement, pouç
la préparer au bonheur que je lui deſline.

LISIMON.

Cela eſt fort bien penſé.

ORGON.

Pourrons-nous avoir des violons, des chanteurs,
des danſeurs ?

LISIMON.

Sans difficulté. J'ai un de mes voiſins qui a chez
lui un opera tout entier.

ORGON

A merveille. Voulez-vous prendre ſur vous le ſoin
de cette fête?

LISIMON.

Volontiers, & je vais tout préparer pour cet effet.
(à part.) Il donne de lui-même dans le piege, & je
crois que nous le tenons.

SCENE XIII.

ORGON.

V Oilà une avanture qui me fera rajeunir de plus
de vingt ans, & qui me dédommagera pleine-

ment des chagrins que Cléante me cause. S'il s'est marié à sa fantaisie, je me marierai à la mienne, & ni lui, ni personne n'aura lieu de s'en formaliser. Quelle différence de lui à moi ! C'est à mon âge qu'il convient de prendre une femme par inclination. Pour sentir un amour raisonnable, il faut être en état de juger du mérite d'une belle, & un jeune éventé en est-il capable ? Il n'y a que nous qui nous y connoissions. Aussi n'y a-t-il que nous qui sachions aimer, & qui puissions aimer légitimement.

SCENE XIV.
ORGON, TOINETTE.

ORGON.

AH, vous voilà, Toinette.

TOINETTE.

Qu'y a-t-il donc de nouveau, Monsieur ? Je viens de voir M. Lisimon sortir du logis avec empressement.

ORGON.

Je l'ai chargé d'une commission, qui va répandre dans toute la maison le plaisir que je sens.

TOINETTE.

Effectivement vous avez l'air bien satisfait.

ORGON.

On ne peut pas être plus content que je le suis.

TOINETTE.

Aprenez-moi de grace le sujet de votre joye, afin que je me réjouisse aussi.

ORGON.

Cela ne se peut pas. La bienséance veut que j'en instruise votre maitresse avant vous , & c'est ce que je vais faire. Adieu . . . . . Vous allez être toutes deux bien étonnées.

* * * * * * * * * * * * * *

SCENE XV.

TOINETTE.

OUais ! Quelle nouvelle folie acheve de lui démonter la cervelle ? Il me prend tout à coup un accès de curiosité & d'inquiétude. Je ne vois pas trop quelle sera la fin de cette intrigue. Après tout , quel inconvénient en peut - il arriver ? M. Orgon se met dans la tête que ma maitresse l'aime. Ce n'est pour lui qu'une erreur de plus. Bagatelle . . . .

Mais

Mais il est amoureux, & ceci est une affaire sérieuse..... Pourquoi ? C'est sa faute. Ma maitresse ne prétendoit lui inspirer que de l'estime, & il a pris de l'amour. Oh, tant pis pour lui. Oui, oui, M. Orgon, tant pis pour vous.

✳✳✳✳✳✳✳✳✳✳✳✳✳✳✳✳✳✳✳✳✳✳✳✳✳✳✳✳✳

SCENE XVI.
CLARICE, TOINETTE.

CLARICE.

HE' bien, Toinette, que t'a dit M. Orgon ?

TOINETTE.

Vous ne l'avez pas rencontré ? Il vient de sortir pour vous aller chercher.

CLARICE.

Je ne l'ai point vu. Sais-tu quelle résolution il a prise ?

TOINETTE.

Je n'ai pu rien tirer de lui, & il m'a déclaré positivement, que c'étoit à vous, Madame, qu'il réservoit le secret qu'il m'a caché.

CLARICE.

Par quelle bisarerie va-t-il s'imaginer que j'ai de l'amour pour lui !   G

TOINETTE.

Que vous importe ? Un mot suffira pour le désabuser.

CLARICE.

Hé, puis-je le désabuser sans me perdre ? Car tu le vois, Toinette; ce qu'il sent pour moi est aussi de l'amour.

TOINETTE.

Tant mieux. Avec cela un vieillard est bien soible, & vous ferez de lui ce qu'il vous plaira.

CLARICE.

Je tremble qu'il ne m'arrive tout le contraire, lorsqu'il connoîtra son erreur. Quelle femme s'est jamais vue dans l'embaras où je me trouve ?

TOINETTE.

Je le vois qui entre. Songez à vous. Je sors. Surtout prenez courage.

SCENE XVII.

ORGON, CLARICE.

ORGON.

VOus me voyez transporté de joye, Mademoiselle, & il ne tient plus qu'à vous de me rendre le plus heureux de tous les hommes.

CLARICE.

De quelle maniere, Monsieur, puis-je vous prouver le zele ardent que j'ai pour vous ?

ORGON.

Le zele ardent ? Ce n'est pas cela que je vous demande. A quoi bon éluder, comme vous faites, le terme d'amour qui seul peut me satisfaire ? Ne m'avez-vous pas dit que vous m'aimiez ?

CLARICE.

Je vous l'ai dit sans doute, & je suis prête encore à vous le confirmer. Je vous aime, Monsieur, comme le meilleur ami de ma famille, & de ce que j'ai de plus cher au monde, comme un second pere, & même comme un protecteur dont l'apui mettroit le comble à ma félicité.

ORGON.

Je ne comprens rien à ce que vous me dites. Nous ne nous entendons point, & vous ne répondez pas à mes sentimens. Car enfin je vous adore, & je viens de vous demander en mariage à votre oncle.

CLARICE.

Moi, Monsieur !

ORGON.

Vous-même.

CLARICE à part.

O ciel, quelle nouvelle !

ORGON,

Vous n'en êtes pas fâché ?

CLARICE,

Je suis ravie que vous me trouviez digne de l'attachement d'un honnête homme . . . . . Mais . . . .

ORGON,

Achevez.

CLARICE,

Se peut-il que vous pensiez à m'épouser ? Ah, Monsieur, renoncez à ce projet. Conservez-moi votre estime. Elle m'est infiniment prétieuse. Personne ne vous respecte & ne vous revere plus que moi, si ce n'est peut-être votre fils, & je reconnois en vous tant de bonté, de douceur & de complaisance, que sans un obstacle invincible je ne balancerois pas à vous donner ma main.

ORGON,

Quel est donc cet obstacle ?

CLARICE,

Je ne saurois vous le cacher, & mon cœur ne demande qu'à s'épancher dans votre sein . . . . Vous le dirai-je ? Vous allez me hair. Ce cœur . . . . . .

ORGON,

Hé bien, Mademoiselle ?

CLARICE,

J'en ai disposé, & il n'est plus à moi.

ORGON,

Un autre le possede ?

CLARICE,

Et le possedera toujours,

ORGON,

Sentimens romanesques ! Quand la Jeunesse aime une fois, elle croit être capable d'aimer éternellement, C'est un feu follet qui se dissipera.

CLARICE

Non, mon amour ne s'éteindra jamais. L'estime & la raison l'ont fait naître, la reconnoissance l'exige, & le devoir le justifie.

ORGON.

Le devoir !

CLARICE,

L'engagement le plus fort nous attache l'un à l'autre.

ORGON.

Une promesse de mariage peut-être ?

CLARICE.

Ce n'eſt pas-là le plus fort engagement.

ORGON.

Comment donc ! ſeriez vous mariée ?

CLARICE.

Moderez votre colere. J'avoue que je la mérite ; mais je mérite encore plus votre compaſſion. Si je vous avois connu, avant que de former des nœuds qui vous révoltent, ou j'y aurois renoncé ou vous les auriez aprouvés. Conſiderez ma triſte ſituation. Les ſentimens que j'ai pour vous me forcent de condamner une alliance ſi chere, & je crains que ceux que vous avez pour moi ne détruiſent un bonheur, dont ils auroient été la ſource.

ORGON.

Je ne puis le nier. La nouvelle de votre mariage m'afflige autant qu'elle me ſurprend, & j'ai lieu de me plaindre du miſtere que l'on m'en a fait.

CLARICE.

Mon oncle n'a pu vous en parler. Nous nous ſommes unis, mon mari & moi, ſans l'aveu de nos parens:

ORGON.

En voilà bien d'une autre !

CLARICE.

Et vous ne devez ma confidence qu'à la confiance extrême que j'ai en vous.

ORGON.

Je ne m'étonne plus que vous ayez défendu mon fils avec tant de chaleur.

CLARICE.

Nos caufes font pareilles, & j'ai jugé des motifs qui l'ont fait agir, par ceux qui m'ont entrainée. Puiffiez-vous trouver dans fon époufe autant de vertus que j'en ai trouvé dans mon époux ! Car ne penfez pas que fon mérite extérieur, & les vaines richeffes qu'il poffede, ayent été capables de m'éblouir. J'aime en lui des dons plus rares & plus précieux, des dons qui doivent me juftifier aux yeux de tout le monde, & qui feuls me l'auroient fait préférer à tout autre, comme ils m'ont fait tout facrifier au bonheur d'être à lui. Jugez par le prix qu'il me coute, combien il doit m'être cher. Ah ! je ne furvivrois pas au coup qui nous défuniroit. Cependant ce malheur eft tout près de m'acabler, fi vous n'avez pitié de moi, & fi l'eftime, dont vous voulez bien m'honorer, n'est pas un acheminement à la grace que j'attends de votre générosité.

ORGON.

Vous m'arrachez des larmes..... J'entends à présent le titre de protecteur que vous m'avez donné.

CLARICE.

C'est en vous seul que j'espere.

ORGON.

Vous souhaitez que j'embrasse vos interêts auprès de votre oncle ?

CLARICE.

Je n'ai point d'autre appui que vous.

ORGON.

Oui, oui, je serai le vôtre. La tendresse que j'ai pour vous ne vous sera pas inutile. Je vais découvrir votre mariage à votre oncle, & l'engager à l'aprouver, pour travailler ensuite de concert à le faire gouter à votre pere.

CLARICE.

Que je suis charmée des dispositions où je vous vois !

ORGON.

Le voici justement.

CLARICE.

CLARICE.

Je vous laiffe. Songez, Monfieur, que c'eft de
vous feul que dépend ma felicité.

SCENE XVIII.

ORGON, LISIMON.

LISIMON.

VOtre commiffion eft faite, Monfieur Orgon.
Les Muficiens vont venir....... Mais que
vois-je ! Qu'avez-vous ? Vous me paroiffez inquiet.

ORGON.

Ce n'eft pas fans fujet, mon cher ami. Votre niéce
ne veut abfolument point m'époufer.

LISIMON.

Cela eft extraordinaire.

ORGON.

Pas trop. Ce que j'ai à vous aprendre l'eft bien
davantage.

LISIMON.

Qu'eft-il donc arrivé ?

H

ORGON.

La nouvelle est un peu chagrinante.

LISIMON.

Pour vous ?

ORGON.

Non, pour vous-même. Je me figure la peine qu'elle vous fera sur celle que je sens ; car je suis à peu près dans le même cas que vous.

LISIMON.

Je ne vous entends point.

ORGON

Et je prends autant de part à votre situation que vous en avez pris à la mienne.

LISIMON.

Hâtez-vous de me tirer d'inquiétude.

ORGON.

N'avez-vous point quelques soupçons sur votre niece ?

LISIMON.

A quelle occasion ?

ORGON.

N'a-t'elle pas été tentée de se marier ?

LISIMON.

Vous me demandez cela ! Ce n'eſt pas à un oncle que les filles confient de pareils ſecrets.

ORGON.

Auſſi a-t'elle craint de vous en parler, & c'eſt moi qu'elle a chargé de cette commiſſion.

LISIMON.

Ma niece a envie de ſe marier ?

ORGON.

Non , cette fantaiſie eſt paſſée.

LISIMON.

Elle eſt mariée ?

ORGON.

Oui.

LISIMON.

Elle vous a fait cette confidence ?

ORGON.

Elle m'a aſſuré qu'elle avoit épouſé un très-honnête homme.

LISIMON.

Juſte ciel !

ORGON.

Ne vous fachez pas, mon ami, votre niece a trop

H ij

de lumieres & de conduite, pour avoir fait un mariage indigne d'elle.

LISIMON.

Vous avez bonne grace en verité à prendre son parti !

ORGON.

C'est le moins que je puisse faire pour une personne que j'ai voulu épouser, & c'est un hommage que je rends à son mérite. Accordez-lui le pardon que je vous demande pour elle, & joignez-vous à moi, pour l'obtenir de son pere.

LISIMON.

Vous exigez que je pardonne à ma niece, vous qui ne voulez pas pardonner à votre fils !

ORGON.

Il y a bien de la différence. Votre niece n'a pas épousé un homme sans bien.

LISIMON.

Cleante n'en a-t-il pas assez pour sa femme & pour lui ?

ORGON.

L'amitié vous prévient pour mon fils.

LISIMON.

Et l'amour vous prévient pour ma niece.

ORGON *vivement.*

Oh, voilà de nos raisonneurs ! ils donnent des conseils, & n'en veulent suivre aucun.

LISIMON.

La réflexion est juste.

ORGON.

Ils condamnent ce que les autres font, & ils font comme eux.

LISIMON.

A l'aplication.

ORGON.

Vous ne voulez donc pas m'accorder la grace de votre niece ?

LISIMON.

Je ne vous la refuse pas absolument. Mais encore faut-il que vous vous mettiez en état de l'obtenir.

ORGON.

Par quel moyen, je vous prie ?

LISIMON.

En pardonnant à Cleante.

ORGON.

Vous revenez toujours à votre but.

LISIMON.

Il ne m'eſt pas poſſible de m'en écarter.

ORGON.

Voilà un furieux entêtement.

LISIMON.

Vous avez beau dire. Je ne puis pardonner à ma niece que vous ne pardonniez à votre fils.

ORGON *en colere.*

Ce n'eſt pas la même choſe, encore une fois.

LISIMON.

Et moi je vous dis que c'eſt la même choſe.

ORGON.

Quel homme !.... Mais par bleu , je ne veux pas en avoir le démenti.

LISIMON.

Où allez-vous donc ?

ORGON.

Nous verrons ſi vous réſiſterez à ſes larmes.

SCENE XIX.

ORGON, LISIMON, CLARICE; TOINETTE.

ORGON à *Clarice*.

VEnez, Madame, venez joindre vos prieres à mes inſtances. Et vous, Liſimon, voyez ſi l'on peut rien refuſer à une perſonne ſi charmante.

LISIMON.

Vos meſures ſont inutiles, & je ne veux pas ſeulement la voir.

Il ſort.

SCENE XX.

ORGON, CLARICE, TOINETTE.

ORGON.

IL a perdu l'eſprit.

CLARICE.

Hélas !

TOINETTE.

Peut-on pouſſer ſi loin l'opiniâtreté ?

CLARICE à *Orgon.*

Il ne me reste donc plus d'espérance ?

ORGON.

Votre oncle m'impose des conditions si dures.
Vouloir que je pardonne à mon fils !

CLARICE.

Mon bonheur vous touche foiblement, si cet obstacle vous arrête.

ORGON.

Me croyez-vous capable d'une telle foiblesse ?

CLARICE.

En est-ce une que d'être pere ?

ORGON.

Quoi, vous prétendriez......

CLARICE.

Vous avez déja eu pour moi tant de bontés. Voulez-vous, par le refus d'une nouvelle grace, me faire
soupçonner que je ne les méritois pas, & que vous
vous en repentez ? Vous avez daigné m'accorder
votre estime. Un sentiment plus tendre s'y est joint
encore. Ma main ne vous a pas paru indigne de la
vôtre ; & quand je ne puis être à vous ; vous poussez
la

la générosité jusqu'à me défendre. Mettez le comble à tant de bienfaits, par un bonheur d'autant plus grand que celui de votre fils en sera la source.

TOINETTE.

Ah, Monsieur, cela fend le cœur.

ORGON.

Vous exigez de moi ce sacrifice!

CLARICE.

Tout ce que j'ai de plus cher y est attaché.

ORGON.

Vous abusez du pouvoir que vous avez sur moi.

CLARICE.

Votre fils est prêt à venir se jetter à vos genoux.

ORGON.

Est-ce que vous l'avez vu?

CLARICE.

Il est ici.

ORGON.

Cléante?

****

SCENE XXI.

ORGON, LISIMON, CLEANTE, CLARICE. TOINETTE.

LISIMON.

Oui, le voilà. Prononcez sur son sort. Mais songez qu'en même tems vous prononcerez sur celui de ma niece.

ORGON.

Ah, te voilà, libertin.

CLEANTE.

Calmez votre courroux, mon pere, & daignez m'entendre.

ORGON.

Oh, il va nous dire de belles choses !

LISIMON.

Patience.

ORGON.

Fils dénaturé !

CLEANTE.

Je mourrois plûtôt que de mériter un titre si odieux.

ORGON.

Le beau mariage que vous avez fait !

CLEANTE.

J'ose me flatter que vous l'excuseriez, si vous le regardiez du même œil que celui que vous avez voulu faire.

ORGON *à Lisimon.*

Il va me donner des conseils. (*à Cléante*) Avez-vous aussi amené la digne personne que vous avez épousée ?

CLEANTE.

Oui , mon pere.

ORGON.

Quelle insolence !

LISIMON.

Moderez-vous, mon cher Orgon.

ORGON.

Moderez-vous vous-même , & laissez parler votre niece. Elle mérite mieux que vous d'obtenir ce qu'elle demande. Hé bien, Madame, serez-vous encore fa-vorable à Cléante, après la hardiesse qu'il a de se présenter devant moi ?

CLARICE.

Sa vue ne fait qu'augmenter l'intérêt que je prens en lui.

ORGON.

Quelle bonté ! (*à Cléante*) Et vous ne la remerciez pas, ingrat que vous êtes ?

CLEANTE.

Madame fait bien que ma reconnoissance ne cede qu'au profond respect que j'ai pour vous.

ORGON.

Elle fait cela ! Quel discours !

LISIMON.

Soiez sûr qu'elle en est aussi persuadée que moi.

ORGON.

A l'autre !

CLARICE.

Non, Monsieur, je n'en doute nullement.

ORGON.

L'excellent petit-cœur ! allez, Cleante, vous n'êtes pas digne de ses bontés ni des miennes.....
Mais enfin vous le voulez, Madame, & il faut bien vous satisfaire. Oui, si je pardonne à Cleante, ce n'est qu'en votre faveur, & qu'à condition que votre oncle vous pardonne,

CLEANTE.

Ah, mon Pere! ah Clarice !

ORGON.

Clarice !

LISIMON.

Oui, c'eſt Clarice que vous voiez.

TOINETTE.

Elle même.

ORGON à *Liſimon.*

Votre niece eſt ſa femme !

LISIMON.

C'eſt ſa femme, mais ce n'eſt pas ma niece!

ORGON.

Qu'entends-je !

LISIMON.

Pardonnez nous l'innocent ſtratagême, dont nous nous ſommes ſervis, pour vous faire connoître le mérite de votre belle-fille.

CLARICE à *Orgon.*

C'eſt à moi à obtenir la grace de votre fils, & je vous la demande à genoux.

CLEANTE.

C'est à vos pieds que je l'attends.

LISIMON.

Allons, mon ami, montrez un cœur de pere.

TOINETTE.

Allons, Monsieur, laissez-vous fléchir,

ORGON.

Je suis trompé . . . . . mais on ne peut l'être plus agréablement. Voilà qui est fini ; levez-vous tous les deux. Je vous pardonne, je vous donne mon amitié & je vous reconnois pour mes enfans.

CLEANTE.

Vous me rendez la vie.

(*Orgon embrasse Clarice.*)

CLARICE.

Je suis au comble de mes vœux.

LISIMON.

Votre réunion me charme ne songeons qu'à nous réjouir.

TOINETTE.

Voilà, je crois, le premier homme que l'amour ait rendu raisonnable.

F I N.

****

DIVERTISSEMENT.

PREMIER AIR.

LA beauté, victime des ans,
Ne peut imprimer sur les sens
Que des traits passagers, qui s'effacent comme elle;
Mais comment resister à ce charme vainqueur,
Que prêtent aux yeux d'une belle
Les dons de l'esprit & du cœur?

On dance.

SECOND AIR.

C'est par l'amour & par l'estime
Que sur un couple uni d'un lien légitime
Le vrai bonheur est dispensé.
Mais s'ils veulent qu'entre eux nul trouble ne s'éleve,
Ce que l'amour a commencé,
Il faut que l'estime l'acheve.

VAUDEVILLE.

Jeune on raille la vieillesse,
Vieux on blame la jeunesse,

Tel fronde jeunes & vieux
C'eſt notre uſage ordinaire ;
   Mais valons-nous mieux ?
   C'eſt une autre affaire.

Mon fils n'a point de cervelle :
Le jeu, le vin, une Belle
Le rendent foŭ, furieux.
C'eſt le langage d'un pere.
   Mais lui vaut-il mieux ?
   C'eſt une autre affaire.

Ma fille aime la fleurette ;
C'eſt une langue indiſcrete ,
Un eſprit capricieux ;
Ainſi s'exprime une mere,
   Mais vaut-elle mieux ?
   C'eſt une autre affaire.

Un jeune amant que lutine
Une maitreſſe mutine
Eſt diſcret & ſerieux ;
Mais a-t-il l'art de ſe taire ,
   S'il eſt trop joyeux ?
   C'eſt une autre affaire.

Chez la Coquette volage
Un vieillard par ſon langage

F n

En amant peut s'ériger ;
Mais, dans l'isle de Cythére
   Veut-il voyager ?
   C'est une autre affaire.

Si dans l'amoureux Empire
Le cœur seul pouvoit suffire
Quel seroit notre bonheur !
Mais un amant qui sait plaire.
   S'en tient-il au cœur ?
   C'est une autre affaire.

L'auditeur pris par l'oreille
Souvent comme une merveille
Eleve une piéce aux cieux ;
Mais l'Imprimeur temeraire
   L'offre-t'il aux yeux,
   C'est une autre affaire.

Des caresses de Silvie
Dorimon se glorifie :
Il peut en être cheri ;
Mais est-il de la commere
   Le seul favori ?
   C'est une autre affaire.

Qu'un amant nous sollicite,
Et qu'un baiser nous acquite,

              K

Au fond c'eſt péu que cela.
Veut-il un plus doux ſalaire ?
   On lui dit, holà
   C'eſt une autre affaire.

Cloris aux yeux du grand monde
Sait de l'Amour, qu'elle fronde,
Repouſſer tous les compiôts.
Mais cette Prude ſévere
   L'eſt-elle à huis clos ?
   C'eſt une autre affaire.

Sur la promeſſe éternelle
De l'ardeur la plus fidéle
Le mariage eſt fondé.
Mais un ferment ſi vulgaire
   Eſt-il bien gardé ?
   C'eſt une autre affaire.

Le mérite au cœur d'Aminte
Ne ſauroit porter d'atteinte;
L'amour même eſt en défaut.
Mais lorſqu'un Millionaire
   Lui livre l'aſſaut,
   C'eſt une autre affaire.

Dans un bal la jeune Hortenſe
Berna la tendre éloquence

D'un Procureur fort fubtil.
Il furvint un Moufquetaire :
    Qu'en arriva-t'il ?
    C'eft une autre affaire.

Au Parterre.

Lorfqu'on a par quelque ouvrage
Mérité votre fuffrage ,
Qu'on doit être glorieux !
L'auteur , pour vous fatisfaire ,
    Voudroit faire mieux ,
    Mais c'eft là l'affaire.

F I N.

Approbation du Censeur royal.

J'Ai lû par ordre de Monseigneur le Chancelier, un manuscrit qui a pour titre ; *le Consentement forcé, Comédie en un acte, en prose.* Par M. Guyot de Merville. A Paris, ce 22. Août 1738.

J O L L Y.

Le privilege se trouve à la fin d'*Achille à Scyros*, Comédie héroïque du même Auteur.

109

www.ingramcontent.com/pod-product-compliance
Lightning Source LLC
LaVergne TN
LVHW020951090426
835512LV00009B/1822